国家安全法学习
百问百答

中国法制出版社

目 录

第一章 总 则

1. 什么是国家安全? ……………………… 1
2. 国家安全包括哪些基本内容? ………… 1
3. 《国家安全法》何时公布? 从何时起施行? ……………………………………… 2
4. 《国家安全法》的立法目的是什么? ……… 2
5. 国家安全工作的总要求是什么? ………… 2
6. 什么是总体国家安全观? ………………… 3
7. 应当建立怎样的国家安全领导体制? …… 4
8. 中央国家安全领导机构有哪些职责? …… 4
9. 国家如何制定、完善国家安全战略? …… 4

10. 维护国家安全应当坚持哪些原则? ……… 5

11. 哪些主体有维护国家安全的责任和义务? … 6

12. 不履行维护国家安全义务或者从事危害国家安全活动的,应当承担什么法律责任? ………………………………… 6

13. 阻碍国家情报工作机构及其工作人员依法开展情报工作的,应当承担什么法律责任? ……………………………… 7

14. 明知他人有恐怖活动犯罪、极端主义犯罪行为,窝藏、包庇的,应当承担什么法律责任? ………………………… 7

15. 拒不配合有关部门开展反恐怖主义安全防范、情报信息、调查、应对处置工作的,应当承担什么法律责任? ……… 8

16. 阻碍有关部门开展反恐怖主义工作的,应当承担什么法律责任? ………………… 9

17. 什么是全民国家安全教育日? ………… 10

第二章　维护国家安全的任务

18. 国家如何维护政治安全？ …………… 11

19. 什么是国家秘密？ …………………… 12

20. 国家如何保卫人民安全？ …………… 13

21. 国家如何维护国土安全？ …………… 13

22. 国家如何维护军事安全？ …………… 13

23. 国家如何维护经济安全？ …………… 14

24. 国家如何维护金融安全？ …………… 14

25. 国家如何维护资源安全？ …………… 15

26. 国家如何维护粮食安全？ …………… 15

27. 国家如何维护文化安全？ …………… 15

28. 国家如何维护科技安全？ …………… 16

29. 国家如何维护网络安全？ …………… 16

30. 国家如何实现各民族共同团结奋斗、共同繁荣发展？ …………………… 17

31. 国家如何维护正常宗教活动秩序？ ……… 17

32. 国家如何防范和处置恐怖主义和极端主义？ ……………………………………… 18

33. 什么是恐怖主义、恐怖活动？ ………… 19

34. 国家如何维护社会安全？ ……………… 20

35. 国家如何维护生态安全？ ……………… 20

36. 国家如何维护核安全？ ………………… 21

37. 国家如何维护太空安全？ ……………… 21

38. 国家如何维护海外利益？ ……………… 22

39. 如何完善维护国家安全的任务？ ……… 22

第三章 维护国家安全的职责

40. 全国人民代表大会及其常务委员会如何行使涉及国家安全的职权？ …………… 23

41. 国家主席如何行使涉及国家安全的职权？ ……………………………………… 23

目 录

42. 国务院如何行使涉及国家安全的职权? … 24

43. 中央军事委员会如何维护国家安全? …… 24

44. 中央国家机关各部门如何管理指导本系统、本领域国家安全工作? ………… 25

45. 地方各级人民代表大会、县级以上地方各级人民代表大会常务委员会、地方各级人民政府、特别行政区如何维护国家安全? ………………………… 25

46. 法院、检察院如何维护国家安全? ……… 26

47. 国家安全机关、公安机关、有关军事机关如何行使涉及国家安全的职权? …… 26

48. 国家机关及其工作人员如何维护国家安全? ……………………………………… 27

第四章　国家安全制度

49. 中央国家安全领导机构实行怎样的国家安全制度与工作机制? ……………… 28

50. 如何建立国家安全重点领域工作协调机制？ ……………………………………… 28

51. 如何确保国家安全战略和重大部署贯彻落实？ …………………………………… 29

52. 如何对国家安全工作建立跨部门会商工作机制？ ………………………………… 29

53. 如何建立关于国家安全的协同联动机制？ ………………………………………… 29

54. 如何建立国家安全决策咨询机制？ ……… 30

55. 如何建立情报信息收集、研判和使用制度以及情报信息工作协调机制？ ……… 30

56. 如何依法搜集涉及国家安全的情报信息和上报有关信息？ ……………………… 31

57. 如何开展情报信息工作？ ………………… 31

58. 情报信息的报送应当遵循哪些要求？ …… 31

59. 如何评估、预警国家安全风险？ ………… 32

目 录

60. 如何报告可能即将发生或者已经发生的危害国家安全的事件? …………… 32

61. 如何建立国家安全审查和监管的制度和机制? ………………………………… 33

62. 中央国家机关各部门、省级政府如何行使国家安全审查职责? ………… 33

63. 如何建立国家安全危机管控制度? …… 34

64. 发生危及国家安全的重大事件时,如何处置? ………………………………… 34

65. 发生危及国家安全的特别重大事件时,如何处置? ………………………… 34

66. 进入紧急状态、战争状态或者实施国防动员后,国家有权对公民和组织采取哪些特别措施? …………………… 35

67. 履行国家安全危机管控职责的有关机关如何依法采取处置国家安全危机的管控措施? ……………………………… 35

68. 如何健全国家安全危机的信息报告和发布机制？ ………… 36

69. 国家安全威胁和危害得到控制或者消除后，应当做好哪些工作？ ………… 36

第五章　国家安全保障

70. 如何加强国家安全保障？ ………… 37

71. 如何加强国家安全工作人才队伍建设？ … 38

72. 国家安全机关、公安机关、有关军事机关开展国家安全专门工作时，有关部门和地方如何提供支持和配合？ ……… 38

73. 如何增强全民国家安全意识？ ………… 39

74. 如何增强公民的反恐怖主义意识？ ……… 39

第六章　公民、组织的义务和权利

75. 公民和组织应当履行哪些维护国家安全的义务？ ………… 40

76. 在反恐怖主义工作中,公民和组织应当履行哪些义务? ……… 41

77. 公民可以持有、使用或报废武器、弹药、危险化学品、民用爆炸物品吗? …… 42

78. 对宣扬极端主义,利用极端主义危害公共安全的,如何处置? ………… 43

79. 组织、参与恐怖活动、极端主义活动的,应当承担什么刑事责任? ……… 43

80. 参与恐怖活动、极端主义活动,情节轻微,尚不构成犯罪的,应当承担什么法律责任? ……………………… 47

81. 在反间谍工作中,公民和组织应当履行哪些义务? ………………… 49

82. 在国家情报工作中,公民和组织应当履行哪些义务? ………………… 51

83. 在保守国家秘密工作中,公民和组织应当履行哪些义务? ……………… 51

84. 非法获取、持有国家秘密的，应当承担什么法律责任？ ………… 52

85. 泄露国家秘密的，应当承担什么法律责任？ ………… 52

86. 泄露与国家情报工作有关的国家秘密的，应当承担什么法律责任？ ………… 53

87. 公民和组织应当履行哪些国防义务？ …… 53

88. 公民和组织应当如何维护生物安全？ …… 55

89. 开展数据处理活动的公民和组织应当履行哪些数据安全保护义务？ ………… 57

90. 境内的组织、个人可以向境外提供数据吗？ ………… 58

91. 公民和组织应当如何维护网络安全？ … 59

92. 网络运营者应当如何维护网络安全？ … 60

93. 网络运营者应当履行哪些安全保护义务？ … 61

94. 关键信息基础设施的运营者还应当履行哪些安全保护义务？ ………… 62

目 录

95. 网络运营者为用户办理哪些服务时,应当要求用户提供真实身份信息? ……… 62

96. 公民可以通过哪些方式向国家安全机关举报? ……………………………… 63

97. 如何提高个人和组织支持、协助国家安全工作的积极性、主动性? ………… 64

98. 什么情形下,对公民举报危害国家安全行为应当予以奖励? ……………… 65

99. 什么情形下,对公民举报危害国家安全行为不予奖励? …………………… 66

100. 公民举报危害国家安全行为的奖励标准是怎样的? ………………………… 67

101. 公民向国家安全机关举报应当实名还是匿名? ……………………………… 68

102. 各单位如何组织开展国家安全教育、配合国家安全工作? ………………… 68

103. 如何保护公民和组织支持、协助国家安全工作? …… 69

104. 在国家安全工作中，如何依法采取限制公民权利和自由的特别措施? …… 71

105. 公民和组织因支持、协助国家安全工作导致损失、伤亡的，如何补偿? …… 72

106. 公民和组织对国家安全工作有批评建议权吗? 对违法行为有申诉、控告、检举权吗? …… 73

107. 受理公民举报的国家安全机关工作人员有哪些违法违规行为时，应当被追究责任? …… 74

108. 举报危害国家安全行为的公民有哪些违法行为时，应当被追究责任? …… 75

109. 编造、传播虚假恐怖事件信息的，应当承担什么法律责任? …… 76

110. 编造、传播虚假险情、疫情、灾情、警情的，应当承担什么法律责任? …… 77

111. 举报危害国家安全行为的公民所在单位有哪些违法行为时,应当被追究责任? ··· 78

112. 核安全信息可以公开吗?公民和组织可以申请获取核安全信息吗? ·········· 79

113. 对于涉及公众利益的重大核安全事项,核设施营运单位应当征求利益相关方的意见吗? ················· 79

第一章 总 则

1. 什么是国家安全？

《国家安全法》第二条规定，国家安全是指国家政权、主权、统一和领土完整、人民福祉、经济社会可持续发展和国家其他重大利益相对处于没有危险和不受内外威胁的状态，以及保障持续安全状态的能力。

2. 国家安全包括哪些基本内容？

国家安全包括 16 个方面基本内容：政治安全、国土安全、军事安全、经济安全、文化安全、社会安全、科技安全、网络安全、生态安全、资源安全、核安全、海外利益安全、生物安全、太空安全、极地安全、深海安全。

3. 《国家安全法》何时公布？从何时起施行？

2015年7月1日，第十二届全国人民代表大会常务委员会第十五次会议通过《国家安全法》，该法自公布之日起施行。

4. 《国家安全法》的立法目的是什么？

《国家安全法》第一条规定，为了维护国家安全，保卫人民民主专政的政权和中国特色社会主义制度，保护人民的根本利益，保障改革开放和社会主义现代化建设的顺利进行，实现中华民族伟大复兴，根据宪法，制定本法。

5. 国家安全工作的总要求是什么？

《国家安全法》第三条规定，国家安全工作应当坚持总体国家安全观，以人民安全为宗旨，以政治安全为根本，以经济安全为基础，以军事、文化、社会安全为保障，以促进国际安全为依托,维护各领域国家安全,构建国家安全体系,走中国特色国家安全道路。

6. 什么是总体国家安全观?

2014年4月15日,习近平总书记在中央国家安全委员会第一次会议上创造性提出总体国家安全观。

总体国家安全观涵盖政治、军事、国土、经济、金融、文化、社会、科技、网络、粮食、生态、资源、核、海外利益、太空、深海、极地、生物、人工智能、数据等诸多领域。贯彻总体国家安全观,要以人民安全为宗旨,以政治安全为根本,以经济安全为基础,以军事、科技、文化、社会安全为保障,以促进国际安全为依托,统筹发展和安全,统筹开放和安全,统筹传统安全和非传统安全,统筹自身安全和共同安全,统筹维护国家安全和塑造国家安全。[1]

---

[1] 《全面贯彻落实总体国家安全观》,载《人民日报》2022年9月20日,第9版。

7. 应当建立怎样的国家安全领导体制？

《国家安全法》第四条规定，坚持中国共产党对国家安全工作的领导，建立集中统一、高效权威的国家安全领导体制。

8. 中央国家安全领导机构有哪些职责？

《国家安全法》第五条规定，中央国家安全领导机构负责国家安全工作的决策和议事协调，研究制定、指导实施国家安全战略和有关重大方针政策，统筹协调国家安全重大事项和重要工作，推动国家安全法治建设。

9. 国家如何制定、完善国家安全战略？

《国家安全法》第六条规定，国家制定并不断完善国家安全战略，全面评估国际、国内安全形势，明确国家安全战略的指导方针、中长期目标、重点领域的国家安全政策、工作任务和措施。

10. 维护国家安全应当坚持哪些原则？

《国家安全法》第七条规定，维护国家安全，应当遵守宪法和法律，坚持社会主义法治原则，尊重和保障人权，依法保护公民的权利和自由。

第八条规定，维护国家安全，应当与经济社会发展相协调。国家安全工作应当统筹内部安全和外部安全、国土安全和国民安全、传统安全和非传统安全、自身安全和共同安全。

第九条规定，维护国家安全，应当坚持预防为主、标本兼治，专门工作与群众路线相结合，充分发挥专门机关和其他有关机关维护国家安全的职能作用，广泛动员公民和组织，防范、制止和依法惩治危害国家安全的行为。

第十条规定，维护国家安全，应当坚持互信、互利、平等、协作，积极同外国政府和国际组织开展安全交流合作，履行国际安全义务，促进共同安全，维护世界和平。

11. 哪些主体有维护国家安全的责任和义务？

《国家安全法》第十一条规定，中华人民共和国公民、一切国家机关和武装力量、各政党和各人民团体、企业事业组织和其他社会组织，都有维护国家安全的责任和义务。中国的主权和领土完整不容侵犯和分割。维护国家主权、统一和领土完整是包括港澳同胞和台湾同胞在内的全中国人民的共同义务。

12. 不履行维护国家安全义务或者从事危害国家安全活动的，应当承担什么法律责任？

《国家安全法》第十三条规定，国家机关工作人员在国家安全工作和涉及国家安全活动中，滥用职权、玩忽职守、徇私舞弊的，依法追究法律责任。任何个人和组织违反该法和有关法律，不履行维护国家安全义务或者从事危害国家安全活动的，依法追究法律责任。《刑法》分则第一章专门规定了危害国家安全罪，严厉打击危害国家安全行为。

13. 阻碍国家情报工作机构及其工作人员依法开展情报工作的，应当承担什么法律责任？

《国家情报法》第二十八条规定，违反该法规定，阻碍国家情报工作机构及其工作人员依法开展情报工作的，由国家情报工作机构建议相关单位给予处分或者由国家安全机关、公安机关处警告或者十五日以下拘留；构成犯罪的，依法追究刑事责任。

14. 明知他人有恐怖活动犯罪、极端主义犯罪行为，窝藏、包庇的，应当承担什么法律责任？

《反恐怖主义法》第八十二条规定，明知他人有恐怖活动犯罪、极端主义犯罪行为，窝藏、包庇，情节轻微，尚不构成犯罪的，或者在司法机关向其调查有关情况、收集有关证据时，拒绝提供的，由公安机关处十日以上十五日以下拘留，可以并处一万元以下罚款。

《刑法》第三百一十二条规定了掩饰、隐瞒犯罪所得、犯罪所得收益罪，即明知是犯罪所得及其产生的收益而予以窝藏、转移、收购、代为销售或者以其他方法掩饰、隐瞒的，处三年以下有期徒刑、拘役或者管制，并处或者单处罚金；情节严重的，处三年以上七年以下有期徒刑，并处罚金。单位犯该罪的，对单位判处罚金，并对其直接负责的主管人员和其他直接责任人员，依照前述规定处罚。

15. 拒不配合有关部门开展反恐怖主义安全防范、情报信息、调查、应对处置工作的，应当承担什么法律责任？

《反恐怖主义法》第九十一条规定，拒不配合有关部门开展反恐怖主义安全防范、情报信息、调查、应对处置工作的，由主管部门处二千元以下罚款；造成严重后果的，处五日以上十五日以下拘留，可以并处一万元以下罚款。单位有前述规定行为的，由主管部门处五万元以下罚款；造成严重后果的，处十万元以下罚款；并对其直接负责的主管人员和其他直接责任人员依照前述规定处罚。

16. 阻碍有关部门开展反恐怖主义工作的，应当承担什么法律责任？

《反恐怖主义法》第九十二条规定，阻碍有关部门开展反恐怖主义工作的，由公安机关处五日以上十五日以下拘留，可以并处五万元以下罚款。单位有前述规定行为的，由公安机关处二十万元以下罚款，并对其直接负责的主管人员和其他直接责任人员依照前述规定处罚。阻碍人民警察、人民解放军、人民武装警察依法执行职务的，从重处罚。

《刑法》第二百七十七条第一款规定了妨害公务罪，即以暴力、威胁方法阻碍国家机关工作人员依法执行职务的,处三年以下有期徒刑、拘役、管制或者罚金。该条第四款规定,故意阻碍国家安全机关、公安机关依法执行国家安全工作任务,未使用暴力、威胁方法,造成严重后果的,依照妨害公务罪的规定处罚。

《刑法》第二百七十七条第五款规定了袭警罪,即暴力袭击正在依法执行职务的人民警察的,处三年以下有期徒刑、拘役或者管制;使用枪支、管制刀具,或者以驾驶机动车撞击等手段,严重危及其人身安全的,处三年以上七年以下有期徒刑。

17. 什么是全民国家安全教育日?

自觉关心、维护国家安全,是每个公民的基本义务,国家安全的真正实现有赖于人人参与、人人有可为。全民国家安全教育日是为了增强全民国家安全意识,维护国家安全而设立的。《国家安全法》第十四条规定,每年 4 月 15 日为全民国家安全教育日。

第二章 维护国家安全的任务

18. 国家如何维护政治安全？

《国家安全法》第十五条规定，国家坚持中国共产党的领导，维护中国特色社会主义制度，发展社会主义民主政治，健全社会主义法治，强化权力运行制约和监督机制，保障人民当家作主的各项权利。

国家防范、制止和依法惩治任何叛国、分裂国家、煽动叛乱、颠覆或者煽动颠覆人民民主专政政权的行为；防范、制止和依法惩治窃取、泄露国家秘密等危害国家安全的行为；防范、制止和依法惩治境外势力的渗透、破坏、颠覆、分裂活动。

19. 什么是国家秘密？

《保守国家秘密法》第九条规定，下列涉及国家安全和利益的事项，泄露后可能损害国家在政治、经济、国防、外交等领域的安全和利益的，应当确定为国家秘密：

（1）国家事务重大决策中的秘密事项；

（2）国防建设和武装力量活动中的秘密事项；

（3）外交和外事活动中的秘密事项以及对外承担保密义务的秘密事项；

（4）国民经济和社会发展中的秘密事项；

（5）科学技术中的秘密事项；

（6）维护国家安全活动和追查刑事犯罪中的秘密事项；

（7）经国家保密行政管理部门确定的其他秘密事项。

政党的秘密事项中符合前述规定的，属于国家秘密。

20. 国家如何保卫人民安全？

《国家安全法》第十六条规定，国家维护和发展最广大人民的根本利益，保卫人民安全，创造良好生存发展条件和安定工作生活环境，保障公民的生命财产安全和其他合法权益。

21. 国家如何维护国土安全？

《国家安全法》第十七条规定，国家加强边防、海防和空防建设，采取一切必要的防卫和管控措施，保卫领陆、内水、领海和领空安全，维护国家领土主权和海洋权益。

22. 国家如何维护军事安全？

《国家安全法》第十八条规定，国家加强武装力量革命化、现代化、正规化建设，建设与保卫国家安全和发展利益需要相适应的武装力量；实施积极防御军事战略方针，防备和抵御侵略，制止武装颠覆和分裂；开展国际军事安全合作，实施联合国维和、国际救援、海上护航和维护国家海外利益的军事行动，维护国家主权、安全、领土完整、发展利益和世界和平。

23. 国家如何维护经济安全？

《国家安全法》第十九条规定，国家维护国家基本经济制度和社会主义市场经济秩序，健全预防和化解经济安全风险的制度机制，保障关系国民经济命脉的重要行业和关键领域、重点产业、重大基础设施和重大建设项目以及其他重大经济利益安全。

24. 国家如何维护金融安全？

《国家安全法》第二十条规定，国家健全金融宏观审慎管理和金融风险防范、处置机制，加强金融基础设施和基础能力建设，防范和化解系统性、区域性金融风险，防范和抵御外部金融风险的冲击。

25. 国家如何维护资源安全?

《国家安全法》第二十一条规定,国家合理利用和保护资源能源,有效管控战略资源能源的开发,加强战略资源能源储备,完善资源能源运输战略通道建设和安全保护措施,加强国际资源能源合作,全面提升应急保障能力,保障经济社会发展所需的资源能源持续、可靠和有效供给。

26. 国家如何维护粮食安全?

《国家安全法》第二十二条规定,国家健全粮食安全保障体系,保护和提高粮食综合生产能力,完善粮食储备制度、流通体系和市场调控机制,健全粮食安全预警制度,保障粮食供给和质量安全。

27. 国家如何维护文化安全?

《国家安全法》第二十三条规定,国家坚

持社会主义先进文化前进方向，继承和弘扬中华民族优秀传统文化，培育和践行社会主义核心价值观，防范和抵制不良文化的影响，掌握意识形态领域主导权，增强文化整体实力和竞争力。

28. 国家如何维护科技安全？

《国家安全法》第二十四条规定，国家加强自主创新能力建设，加快发展自主可控的战略高新技术和重要领域核心关键技术，加强知识产权的运用、保护和科技保密能力建设，保障重大技术和工程的安全。

29. 国家如何维护网络安全？

《国家安全法》第二十五条规定，国家建设网络与信息安全保障体系，提升网络与信息安全保护能力，加强网络和信息技术的创新研究和开发应用，实现网络和信息核心技术、关键基础设施和重要领域信息系统及数据的安全可控；加强网络管理，防范、制止和依法惩治网络攻击、网络入侵、网络窃密、散布违法有害信息等网络违法犯罪行为，维护国家网络空间主权、安全和发展利益。

30. 国家如何实现各民族共同团结奋斗、共同繁荣发展？

《国家安全法》第二十六条规定，国家坚持和完善民族区域自治制度，巩固和发展平等团结互助和谐的社会主义民族关系。坚持各民族一律平等，加强民族交往、交流、交融，防范、制止和依法惩治民族分裂活动，维护国家统一、民族团结和社会和谐，实现各民族共同团结奋斗、共同繁荣发展。

31. 国家如何维护正常宗教活动秩序？

《国家安全法》第二十七条规定，国家依法保护公民宗教信仰自由和正常宗教活动，坚持宗教独立自主自办的原则，防范、制止和依法惩治利用宗教名义进行危害国家安全的违法犯罪活动，反对境外势力干涉境内宗教事务，维护正常宗教活动秩序。国家依法取缔邪教组织，防范、制止和依法惩治邪教违法犯罪活动。

32. 国家如何防范和处置恐怖主义和极端主义？

《国家安全法》第二十八条规定，国家反对一切形式的恐怖主义和极端主义，加强防范和处置恐怖主义的能力建设，依法开展情报、调查、防范、处置以及资金监管等工作，依法取缔恐怖活动组织和严厉惩治暴力恐怖活动。

《反恐怖主义法》第四条规定，国家将反恐怖主义纳入国家安全战略，综合施策，标本兼治，加强反恐怖主义的能力建设，运用政治、经济、法律、文化、教育、外交、军事等手段，开展反恐怖主义工作。国家反对一切形式的以歪曲宗教教义或者其他方法煽动仇恨、煽动歧视、鼓吹暴力等极端主义，消除恐怖主义的思想基础。

33. 什么是恐怖主义、恐怖活动？

根据《反恐怖主义法》第三条的规定，恐怖主义，是指通过暴力、破坏、恐吓等手段，制造社会恐慌、危害公共安全、侵犯人身财产，或者胁迫国家机关、国际组织，以实现其政治、意识形态等目的的主张和行为。

恐怖活动，是指恐怖主义性质的下列行为：

（1）组织、策划、准备实施、实施造成或者意图造成人员伤亡、重大财产损失、公共设施损坏、社会秩序混乱等严重社会危害的活动的；

（2）宣扬恐怖主义，煽动实施恐怖活动，或者非法持有宣扬恐怖主义的物品，强制他人在公共场所穿戴宣扬恐怖主义的服饰、标志的；

（3）组织、领导、参加恐怖活动组织的；

（4）为恐怖活动组织、恐怖活动人员、实施恐怖活动或者恐怖活动培训提供信息、资

金、物资、劳务、技术、场所等支持、协助、便利的;

(5)其他恐怖活动。

34. 国家如何维护社会安全?

《国家安全法》第二十九条规定,国家健全有效预防和化解社会矛盾的体制机制,健全公共安全体系,积极预防、减少和化解社会矛盾,妥善处置公共卫生、社会安全等影响国家安全和社会稳定的突发事件,促进社会和谐,维护公共安全和社会安定。

35. 国家如何维护生态安全?

《国家安全法》第三十条规定,国家完善生态环境保护制度体系,加大生态建设和环境保护力度,划定生态保护红线,强化生态风险的预警和防控,妥善处置突发环境事件,保障人民赖以生存发展的大气、水、土壤等自然环境和条件不受威胁和破坏,促进人与自然和谐发展。

36. 国家如何维护核安全？

《国家安全法》第三十一条规定，国家坚持和平利用核能和核技术，加强国际合作，防止核扩散，完善防扩散机制，加强对核设施、核材料、核活动和核废料处置的安全管理、监管和保护，加强核事故应急体系和应急能力建设，防止、控制和消除核事故对公民生命健康和生态环境的危害，不断增强有效应对和防范核威胁、核攻击的能力。

37. 国家如何维护太空安全？

《国家安全法》第三十二条规定，国家坚持和平探索和利用外层空间、国际海底区域和极地，增强安全进出、科学考察、开发利用的能力，加强国际合作，维护我国在外层空间、国际海底区域和极地的活动、资产和其他利益的安全。

38. 国家如何维护海外利益?

《国家安全法》第三十三条规定,国家依法采取必要措施,保护海外中国公民、组织和机构的安全和正当权益,保护国家的海外利益不受威胁和侵害。

39. 如何完善维护国家安全的任务?

《国家安全法》第三十四条规定,国家根据经济社会发展和国家发展利益的需要,不断完善维护国家安全的任务。

第三章　维护国家安全的职责

40. 全国人民代表大会及其常务委员会如何行使涉及国家安全的职权？

《国家安全法》第三十五条规定，全国人民代表大会依照宪法规定，决定战争和和平的问题，行使宪法规定的涉及国家安全的其他职权。全国人民代表大会常务委员会依照宪法规定，决定战争状态的宣布，决定全国总动员或者局部动员，决定全国或者个别省、自治区、直辖市进入紧急状态，行使宪法规定的和全国人民代表大会授予的涉及国家安全的其他职权。

41. 国家主席如何行使涉及国家安全的职权？

《国家安全法》第三十六条规定，中华人

民共和国主席根据全国人民代表大会的决定和全国人民代表大会常务委员会的决定，宣布进入紧急状态，宣布战争状态，发布动员令，行使宪法规定的涉及国家安全的其他职权。

42. 国务院如何行使涉及国家安全的职权？

《国家安全法》第三十七条规定，国务院根据宪法和法律，制定涉及国家安全的行政法规，规定有关行政措施，发布有关决定和命令；实施国家安全法律法规和政策；依照法律规定决定省、自治区、直辖市的范围内部分地区进入紧急状态；行使宪法法律规定的和全国人民代表大会及其常务委员会授予的涉及国家安全的其他职权。

43. 中央军事委员会如何维护国家安全？

《国家安全法》第三十八条规定，中央军事委员会领导全国武装力量，决定军事战略和武装力量的作战方针，统一指挥维护国家安全的军事行动,制定涉及国家安全的军事法规,发布有关决定和命令。

44. 中央国家机关各部门如何管理指导本系统、本领域国家安全工作?

《国家安全法》第三十九条规定,中央国家机关各部门按照职责分工,贯彻执行国家安全方针政策和法律法规,管理指导本系统、本领域国家安全工作。

45. 地方各级人民代表大会、县级以上地方各级人民代表大会常务委员会、地方各级人民政府、特别行政区如何维护国家安全?

《国家安全法》第四十条规定,地方各级人民代表大会和县级以上地方各级人民代表大会常务委员会在本行政区域内,保证国家安全法律法规的遵守和执行。地方各级人民政府依照法律法规规定管理本行政区域内的国家安全工作。香港特别行政区、澳门特别行政区应当履行维护国家安全的责任。

46. 法院、检察院如何维护国家安全？

《国家安全法》第四十一条规定，人民法院依照法律规定行使审判权，人民检察院依照法律规定行使检察权，惩治危害国家安全的犯罪。

47. 国家安全机关、公安机关、有关军事机关如何行使涉及国家安全的职权？

《国家安全法》第四十二条规定，国家安全机关、公安机关依法搜集涉及国家安全的情报信息，在国家安全工作中依法行使侦查、拘留、预审和执行逮捕以及法律规定的其他职权。有关军事机关在国家安全工作中依法行使相关职权。

48. 国家机关及其工作人员如何维护国家安全?

《国家安全法》第四十三条规定,国家机关及其工作人员在履行职责时,应当贯彻维护国家安全的原则。国家机关及其工作人员在国家安全工作和涉及国家安全活动中,应当严格依法履行职责,不得超越职权、滥用职权,不得侵犯个人和组织的合法权益。

第四章　国家安全制度

49. 中央国家安全领导机构实行怎样的国家安全制度与工作机制？

《国家安全法》第四十四条规定，中央国家安全领导机构实行统分结合、协调高效的国家安全制度与工作机制。

50. 如何建立国家安全重点领域工作协调机制？

《国家安全法》第四十五条规定，国家建立国家安全重点领域工作协调机制，统筹协调中央有关职能部门推进相关工作。

51. 如何确保国家安全战略和重大部署贯彻落实?

《国家安全法》第四十六条规定,国家建立国家安全工作督促检查和责任追究机制,确保国家安全战略和重大部署贯彻落实。第四十七条规定,各部门、各地区应当采取有效措施,贯彻实施国家安全战略。

52. 如何对国家安全工作建立跨部门会商工作机制?

《国家安全法》第四十八条规定,国家根据维护国家安全工作需要,建立跨部门会商工作机制,就维护国家安全工作的重大事项进行会商研判,提出意见和建议。

53. 如何建立关于国家安全的协同联动机制?

《国家安全法》第四十九条规定,国家建

立中央与地方之间、部门之间、军地之间以及地区之间关于国家安全的协同联动机制。

54. 如何建立国家安全决策咨询机制？

《国家安全法》第五十条规定，国家建立国家安全决策咨询机制，组织专家和有关方面开展对国家安全形势的分析研判，推进国家安全的科学决策。

55. 如何建立情报信息收集、研判和使用制度以及情报信息工作协调机制？

《国家安全法》第五十一条规定，国家健全统一归口、反应灵敏、准确高效、运转顺畅的情报信息收集、研判和使用制度，建立情报信息工作协调机制，实现情报信息的及时收集、准确研判、有效使用和共享。

56. 如何依法搜集涉及国家安全的情报信息和上报有关信息？

《国家安全法》第五十二条规定，国家安全机关、公安机关、有关军事机关根据职责分工，依法搜集涉及国家安全的情报信息。国家机关各部门在履行职责过程中，对于获取的涉及国家安全的有关信息应当及时上报。

57. 如何开展情报信息工作？

《国家安全法》第五十三条规定，开展情报信息工作，应当充分运用现代科学技术手段，加强对情报信息的鉴别、筛选、综合和研判分析。

58. 情报信息的报送应当遵循哪些要求？

《国家安全法》第五十四条规定，情报信息的报送应当及时、准确、客观，不得迟报、漏报、瞒报和谎报。

59. 如何评估、预警国家安全风险？

《国家安全法》第五十五条规定，国家制定完善应对各领域国家安全风险预案。第五十六条规定，国家建立国家安全风险评估机制，定期开展各领域国家安全风险调查评估。有关部门应当定期向中央国家安全领导机构提交国家安全风险评估报告。第五十七条规定，国家健全国家安全风险监测预警制度，根据国家安全风险程度，及时发布相应风险预警。

60. 如何报告可能即将发生或者已经发生的危害国家安全的事件？

《国家安全法》第五十八条规定，对可能即将发生或者已经发生的危害国家安全的事件，县级以上地方人民政府及其有关主管部门应当立即按照规定向上一级人民政府及其有关主管部门报告，必要时可以越级上报。

61. 如何建立国家安全审查和监管的制度和机制？

《国家安全法》第五十九条规定，国家建立国家安全审查和监管的制度和机制，对影响或者可能影响国家安全的外商投资、特定物项和关键技术、网络信息技术产品和服务、涉及国家安全事项的建设项目，以及其他重大事项和活动，进行国家安全审查，有效预防和化解国家安全风险。

62. 中央国家机关各部门、省级政府如何行使国家安全审查职责？

《国家安全法》第六十条规定，中央国家机关各部门依照法律、行政法规行使国家安全审查职责，依法作出国家安全审查决定或者提出安全审查意见并监督执行。第六十一条规定，省、自治区、直辖市依法负责本行政区域内有关国家安全审查和监管工作。

63. 如何建立国家安全危机管控制度？

《国家安全法》第六十二条规定，国家建立统一领导、协同联动、有序高效的国家安全危机管控制度。

64. 发生危及国家安全的重大事件时，如何处置？

《国家安全法》第六十三条规定，发生危及国家安全的重大事件，中央有关部门和有关地方根据中央国家安全领导机构的统一部署，依法启动应急预案，采取管控处置措施。

65. 发生危及国家安全的特别重大事件时，如何处置？

《国家安全法》第六十四条规定，发生危及国家安全的特别重大事件，需要进入紧急状态、战争状态或者进行全国总动员、局部动员的，由全国人民代表大会、全国人民代表大会常务委员会或者国务院依照宪法和有关法律规定的权限和程序决定。

66. 进入紧急状态、战争状态或者实施国防动员后,国家有权对公民和组织采取哪些特别措施?

《国家安全法》第六十五条规定,国家决定进入紧急状态、战争状态或者实施国防动员后,履行国家安全危机管控职责的有关机关依照法律规定或者全国人民代表大会常务委员会规定,有权采取限制公民和组织权利、增加公民和组织义务的特别措施。

67. 履行国家安全危机管控职责的有关机关如何依法采取处置国家安全危机的管控措施?

《国家安全法》第六十六条规定,履行国家安全危机管控职责的有关机关依法采取处置国家安全危机的管控措施,应当与国家安全危机可能造成的危害的性质、程度和范围相适应；有多种措施可供选择的，应当选择有利于最大程度保护公民、组织权益的措施。

68. 如何健全国家安全危机的信息报告和发布机制？

《国家安全法》第六十七条规定，国家健全国家安全危机的信息报告和发布机制。国家安全危机事件发生后，履行国家安全危机管控职责的有关机关，应当按照规定准确、及时报告，并依法将有关国家安全危机事件发生、发展、管控处置及善后情况统一向社会发布。

69. 国家安全威胁和危害得到控制或者消除后，应当做好哪些工作？

《国家安全法》第六十八条规定，国家安全威胁和危害得到控制或者消除后，应当及时解除管控处置措施，做好善后工作。

第五章　国家安全保障

70. 如何加强国家安全保障？

根据《国家安全法》第六十九条至第七十三条的规定，应当从以下几个方面加强国家安全保障：

（1）国家健全国家安全保障体系，增强维护国家安全的能力。

（2）国家健全国家安全法律制度体系，推动国家安全法治建设。

（3）国家加大对国家安全各项建设的投入，保障国家安全工作所需经费和装备。

（4）承担国家安全战略物资储备任务的单位，应当按照国家有关规定和标准对国家安全物资进行收储、保管和维护，定期调整更换，保证储备物资的使用效能和安全。

（5）鼓励国家安全领域科技创新，发挥科技在维护国家安全中的作用。

71. 如何加强国家安全工作人才队伍建设？

《国家安全法》第七十四条规定，国家采取必要措施，招录、培养和管理国家安全工作专门人才和特殊人才。根据维护国家安全工作的需要，国家依法保护有关机关专门从事国家安全工作人员的身份和合法权益，加大人身保护和安置保障力度。

72. 国家安全机关、公安机关、有关军事机关开展国家安全专门工作时，有关部门和地方如何提供支持和配合？

《国家安全法》第七十五条规定，国家安全机关、公安机关、有关军事机关开展国家安全专门工作，可以依法采取必要手段和方式，有关部门和地方应当在职责范围内提供支持和配合。

73. 如何增强全民国家安全意识？

《国家安全法》第七十六条规定，国家加强国家安全新闻宣传和舆论引导，通过多种形式开展国家安全宣传教育活动，将国家安全教育纳入国民教育体系和公务员教育培训体系，增强全民国家安全意识。

74. 如何增强公民的反恐怖主义意识？

《反恐怖主义法》第十七条规定，各级人民政府和有关部门应当组织开展反恐怖主义宣传教育，提高公民的反恐怖主义意识。教育、人力资源行政主管部门和学校、有关职业培训机构应当将恐怖活动预防、应急知识纳入教育、教学、培训的内容。新闻、广播、电视、文化、宗教、互联网等有关单位，应当有针对性地面向社会进行反恐怖主义宣传教育。村民委员会、居民委员会应当协助人民政府以及有关部门，加强反恐怖主义宣传教育。

第六章 公民、组织的义务和权利

75. 公民和组织应当履行哪些维护国家安全的义务?

国家安全事关个人幸福、社会进步和民族复兴。国家安全如果得不到维护,人民群众的幸福生活就无从谈起,社会就不可能发展进步,民族复兴也就无法保障。所以国家安全与每个人都息息相关。

《国家安全法》第七十七条规定,公民和组织应当履行下列维护国家安全的义务:

(1) 遵守宪法、法律法规关于国家安全的有关规定;

(2) 及时报告危害国家安全活动的线索;

(3) 如实提供所知悉的涉及危害国家安全活动的证据;

（4）为国家安全工作提供便利条件或者其他协助；

（5）向国家安全机关、公安机关和有关军事机关提供必要的支持和协助；

（6）保守所知悉的国家秘密；

（7）法律、行政法规规定的其他义务。

任何个人和组织不得有危害国家安全的行为，不得向危害国家安全的个人或者组织提供任何资助或者协助。

76. 在反恐怖主义工作中，公民和组织应当履行哪些义务？

《反恐怖主义法》第九条规定，任何单位和个人都有协助、配合有关部门开展反恐怖主义工作的义务，发现恐怖活动嫌疑或者恐怖活动嫌疑人员的，应当及时向公安机关或者有关部门报告。第二十八条第三款规定，任何单位和个人发现宣扬极端主义的物品、资料、信息的，应当立即向公安机关报告。

77. 公民可以持有、使用或报废武器、弹药、危险化学品、民用爆炸物品吗?

根据《反恐怖主义法》第二十三条第二款的规定，任何单位和个人不得非法制作、生产、储存、运输、进出口、销售、提供、购买、使用、持有、报废、销毁枪支等武器、弹药、危险化学品、民用爆炸物品、核与放射物品、传染病病原体等物质。公安机关发现的，应当予以扣押；其他主管部门发现的，应当予以扣押，并立即通报公安机关；其他单位、个人发现的，应当立即向公安机关报告。

《刑法》第一百二十八条第一款规定了非法持有、私藏枪支、弹药罪，即违反枪支管理规定，非法持有、私藏枪支、弹药的，处三年以下有期徒刑、拘役或者管制；情节严重的，处三年以上七年以下有期徒刑。

第六章 公民、组织的义务和权利

78. 对宣扬极端主义，利用极端主义危害公共安全的，如何处置？

《反恐怖主义法》第二十八条第一款、第二款规定，公安机关和有关部门对宣扬极端主义，利用极端主义危害公共安全、扰乱公共秩序、侵犯人身财产、妨害社会管理的，应当及时予以制止，依法追究法律责任。公安机关发现极端主义活动的，应当责令立即停止，将有关人员强行带离现场并登记身份信息，对有关物品、资料予以收缴，对非法活动场所予以查封。

79. 组织、参与恐怖活动、极端主义活动的，应当承担什么刑事责任？

《反恐怖主义法》第七十九条规定，组织、策划、准备实施、实施恐怖活动，宣扬恐怖主义，煽动实施恐怖活动，非法持有宣扬恐怖主义的物品，强制他人在公共场所穿戴宣扬恐怖主义的服饰、标志，组织、领导、参加恐怖活动组织，为恐怖活动组织、恐怖活动人员、实施恐怖活动或者恐怖活动培训提供帮助的，依法追究刑事责任。

《刑法》第一百二十条规定了组织、领导、参加恐怖组织罪，即组织、领导恐怖活动组织的，处十年以上有期徒刑或者无期徒刑，并处没收财产；积极参加的，处三年以上十年以下有期徒刑，并处罚金；其他参加的，处三年以下有期徒刑、拘役、管制或者剥夺政治权利，可以并处罚金。犯该罪并实施杀人、爆炸、绑架等犯罪的，依照数罪并罚的规定处罚。

第一百二十条之一规定了帮助恐怖活动罪，即资助恐怖活动组织、实施恐怖活动的个人的，或者资助恐怖活动培训的，处五年以下有期徒刑、拘役、管制或者剥夺政治权利，并处罚金；情节严重的，处五年以上有期徒刑，并处罚金或者没收财产。为恐怖活动组织、实施恐怖活动或者恐怖活动培训招募、运送人员的,依照该罪的规定处罚。

第一百二十条之二规定了准备实施恐怖活动罪,即有下列情形之一的,处五年以下有期徒刑、拘役、管制或者剥夺政治权利,并处罚金;情节严重的,处五年以上有期徒刑,并处罚金或者没收财产:(1)为实施恐怖活动准备凶器、危险物品或者其他工具的;(2)组织恐怖活动培训或者积极参加恐怖活动培训的;(3)为实施恐怖活动与境外恐怖活动组织或者人员联络的;(4)为实施恐怖活动进行策划或者其他准备的。

第一百二十条之三规定了宣扬恐怖主义、极端主义、煽动实施恐怖活动罪,即以制作、散发宣扬恐怖主义、极端主义的图书、音频视频资料或者其他物品,或者通过讲授、发布信息等方式宣扬恐怖主义、极端主义的,或者煽动实施恐怖活动的,处五年以下有期徒刑、拘役、管制或者剥夺政治权利,并处罚金;情节严重的,处五年以上有期徒刑,并处罚金或者没收财产。

第一百二十条之四规定了利用极端主义破坏法律实施罪,即利用极端主义煽动、胁迫群众破坏国家法律确立的婚姻、司法、教育、社会管理等制度实施的,处三年以下有期徒刑、拘役或者管制,并处罚金;情节严重的,处三年以上七年以下有期徒刑,并处罚金;情节特别严重的,处七年以上有期徒刑,并处罚金或者没收财产。

第一百二十条之五规定了强制穿戴宣扬恐怖主义、极端主义服饰、标志罪,即以暴力、胁迫等方式强制他人在公共场所穿着、佩戴宣扬恐怖主义、极端主义服饰、标志的,处三年以下有期徒刑、拘役或者管制,并处罚金。

第一百二十条之六规定了非法持有宣扬恐怖主义、极端主义物品罪,即明知是宣扬恐怖主义、极端主义的图书、音频视频资料或者其他物品而非法持有,情节严重的,处三年以下有期徒刑、拘役或者管制,并处或者单处罚金。

80. 参与恐怖活动、极端主义活动，情节轻微，尚不构成犯罪的，应当承担什么法律责任？

《反恐怖主义法》第八十条规定，参与下列活动之一，情节轻微，尚不构成犯罪的，由公安机关处十日以上十五日以下拘留，可以并处一万元以下罚款：

（1）宣扬恐怖主义、极端主义或者煽动实施恐怖活动、极端主义活动的；

（2）制作、传播、非法持有宣扬恐怖主义、极端主义的物品的；

（3）强制他人在公共场所穿戴宣扬恐怖主义、极端主义的服饰、标志的；

（4）为宣扬恐怖主义、极端主义或者实施恐怖主义、极端主义活动提供信息、资金、物资、劳务、技术、场所等支持、协助、便利的。

第八十一条规定，利用极端主义，实施下

列行为之一,情节轻微,尚不构成犯罪的,由公安机关处五日以上十五日以下拘留,可以并处一万元以下罚款:

(1) 强迫他人参加宗教活动,或者强迫他人向宗教活动场所、宗教教职人员提供财物或者劳务的;

(2) 以恐吓、骚扰等方式驱赶其他民族或者有其他信仰的人员离开居住地的;

(3) 以恐吓、骚扰等方式干涉他人与其他民族或者有其他信仰的人员交往、共同生活的;

(4) 以恐吓、骚扰等方式干涉他人生活习俗、方式和生产经营的;

(5) 阻碍国家机关工作人员依法执行职务的;

(6) 歪曲、诋毁国家政策、法律、行政法规,煽动、教唆抵制人民政府依法管理的;

(7) 煽动、胁迫群众损毁或者故意损毁居民身份证、户口簿等国家法定证件以及人民

币的;

(8) 煽动、胁迫他人以宗教仪式取代结婚、离婚登记的;

(9) 煽动、胁迫未成年人不接受义务教育的;

(10) 其他利用极端主义破坏国家法律制度实施的。

第二十九条第一款规定,对被教唆、胁迫、引诱参与恐怖活动、极端主义活动,或者参与恐怖活动、极端主义活动情节轻微,尚不构成犯罪的人员,公安机关应当组织有关部门、村民委员会、居民委员会、所在单位、就读学校、家庭和监护人对其进行帮教。

81. 在反间谍工作中,公民和组织应当履行哪些义务?

根据《反间谍法》第二十条至第二十五条的规定,在反间谍工作中,公民和组织应当履行以下几个方面的义务:

（1）协助义务。公民和组织应当为反间谍工作提供便利或者其他协助。

（2）报告义务。公民和组织发现间谍行为，应当及时向国家安全机关报告；向公安机关等其他国家机关、组织报告的，相关国家机关、组织应当立即移送国家安全机关处理。

（3）如实告知义务。在国家安全机关调查了解有关间谍行为的情况、收集有关证据时，有关组织和个人应当如实提供，不得拒绝。

（4）保守国家秘密义务。任何公民和组织都应当保守所知悉的有关反间谍工作的国家秘密。任何个人和组织都不得非法持有属于国家秘密的文件、资料和其他物品。

（5）禁止非法持有、使用专业间谍器材。任何个人和组织都不得非法持有、使用间谍活动特殊需要的专用间谍器材。专用间谍器材由国务院国家安全主管部门依照国家有关规定确认。

82. 在国家情报工作中，公民和组织应当履行哪些义务？

《国家情报法》第七条规定，任何组织和公民都应当依法支持、协助和配合国家情报工作，保守所知悉的国家情报工作秘密。国家对支持、协助和配合国家情报工作的个人和组织给予保护。

83. 在保守国家秘密工作中，公民和组织应当履行哪些义务？

《保守国家秘密法》第三条规定，国家秘密受法律保护。一切国家机关、武装力量、政党、社会团体、企业事业单位和公民都有保守国家秘密的义务。任何危害国家秘密安全的行为，都必须受到法律追究。

第二十六条规定，禁止非法复制、记录、存储国家秘密。禁止在互联网及其他公共信息网络或者未采取保密措施的有线和无线通信中传递国家秘密。禁止在私人交往和通信中涉及国家秘密。

84. 非法获取、持有国家秘密的，应当承担什么法律责任？

《刑法》第二百八十二条第一款规定了非法获取国家秘密罪，即以窃取、刺探、收买方法，非法获取国家秘密的，处三年以下有期徒刑、拘役、管制或者剥夺政治权利；情节严重的，处三年以上七年以下有期徒刑。

该条第二款规定了非法持有国家绝密、机密文件、资料、物品罪，即非法持有属于国家绝密、机密的文件、资料或者其他物品，拒不说明来源与用途的，处三年以下有期徒刑、拘役或者管制。

85. 泄露国家秘密的，应当承担什么法律责任？

《刑法》第三百九十八条规定了故意泄露

国家秘密罪、过失泄露国家秘密罪，即国家机关工作人员违反《保守国家秘密法》的规定，故意或者过失泄露国家秘密，情节严重的，处三年以下有期徒刑或者拘役；情节特别严重的，处三年以上七年以下有期徒刑。非国家机关工作人员犯该罪的，依照该罪的规定酌情处罚。

86. 泄露与国家情报工作有关的国家秘密的，应当承担什么法律责任？

《国家情报法》第二十九条规定，泄露与国家情报工作有关的国家秘密的，由国家情报工作机构建议相关单位给予处分或者由国家安全机关、公安机关处警告或者十五日以下拘留；构成犯罪的，依法追究刑事责任。

87. 公民和组织应当履行哪些国防义务？

《国防法》第五十三条规定，依照法律服兵役和参加民兵组织是中华人民共和国公民的光荣义务。各级兵役机关和基层人民武装机构应当依法办理兵役工作,按照国务院和中央军事委员会的命令完成征兵任务,保证兵员质量。有关国家机关、人民团体、企业事业组织、社会组织和其他组织,应当依法完成民兵和预备役工作,协助完成征兵任务。

第五十四条规定,企业事业组织和个人承担国防科研生产任务或者接受军事采购,应当按照要求提供符合质量标准的武器装备或者物资、工程、服务。企业事业组织和个人应当按照国家规定在与国防密切相关的建设项目中贯彻国防要求,依法保障国防建设和军事行动的需要。

第五十五条规定,公民应当接受国防教育。公民和组织应当保护国防设施,不得破坏、危害国防设施。公民和组织应当遵守保密规定,不得泄露国防方面的国家秘密,不得非法持有国防方面的秘密文件、资料和其他秘密物品。

第六章 公民、组织的义务和权利

第五十六条规定，公民和组织应当支持国防建设，为武装力量的军事训练、战备勤务、防卫作战、非战争军事行动等活动提供便利条件或者其他协助。

88. 公民和组织应当如何维护生物安全？

《生物安全法》第八条规定，任何单位和个人不得危害生物安全。任何单位和个人有权举报危害生物安全的行为；接到举报的部门应当及时依法处理。

第十三条第四款规定，有关单位和个人应当配合做好生物安全风险防控和应急处置等工作。

第十七条第二款规定，任何单位和个人不得编造、散布虚假的生物安全信息。

第二十五条第一款规定，县级以上人民政府有关部门应当依法开展生物安全监督检查工作，被检查单位和个人应当配合，如实说明情况，提供资料，不得拒绝、阻挠。

第二十九条规定,任何单位和个人发现传染病、动植物疫病的,应当及时向医疗机构、有关专业机构或者部门报告。医疗机构、专业机构及其工作人员发现传染病、动植物疫病或者不明原因的聚集性疾病的,应当及时报告,并采取保护性措施。依法应当报告的,任何单位和个人不得瞒报、谎报、缓报、漏报,不得授意他人瞒报、谎报、缓报,不得阻碍他人报告。

第三十九条第二款规定,个人不得购买或者持有列入管控清单的重要设备和特殊生物因子。

第四十四条第二款规定,个人不得设立病原微生物实验室或者从事病原微生物实验活动。

第五十六条第四款规定,境外组织、个人及其设立或者实际控制的机构不得在我国境内采集、保藏我国人类遗传资源,不得向境外提供我国人类遗传资源。

第六十条第三款规定，任何单位和个人未经批准，不得擅自引进、释放或者丢弃外来物种。

89. 开展数据处理活动的公民和组织应当履行哪些数据安全保护义务？

《数据安全法》第二十七条规定，开展数据处理活动应当依照法律、法规的规定，建立健全全流程数据安全管理制度，组织开展数据安全教育培训，采取相应的技术措施和其他必要措施，保障数据安全。利用互联网等信息网络开展数据处理活动，应当在网络安全等级保护制度的基础上，履行上述数据安全保护义务。重要数据的处理者应当明确数据安全负责人和管理机构，落实数据安全保护责任。

第二十九条规定，开展数据处理活动应当加强风险监测，发现数据安全缺陷、漏洞等风险时，应当立即采取补救措施；发生数据安全事件时，应当立即采取处置措施，按照规定及时告知用户并向有关主管部门报告。

第三十条规定,重要数据的处理者应当按照规定对其数据处理活动定期开展风险评估,并向有关主管部门报送风险评估报告。风险评估报告应当包括处理的重要数据的种类、数量,开展数据处理活动的情况,面临的数据安全风险及其应对措施等。

90. 境内的组织、个人可以向境外提供数据吗?

《数据安全法》第三十六条规定,中华人民共和国主管机关根据有关法律和中华人民共和国缔结或者参加的国际条约、协定,或者按照平等互惠原则,处理外国司法或者执法机构关于提供数据的请求。非经中华人民共和国主管机关批准,境内的组织、个人不得向外国司法或者执法机构提供存储于中华人民共和国境内的数据。

第六章　公民、组织的义务和权利

91. 公民和组织应当如何维护网络安全？

《网络安全法》第十二条第二款规定，任何个人和组织使用网络应当遵守宪法法律，遵守公共秩序，尊重社会公德，不得危害网络安全，不得利用网络从事危害国家安全、荣誉和利益，煽动颠覆国家政权、推翻社会主义制度，煽动分裂国家、破坏国家统一，宣扬恐怖主义、极端主义，宣扬民族仇恨、民族歧视，传播暴力、淫秽色情信息，编造、传播虚假信息扰乱经济秩序和社会秩序，以及侵害他人名誉、隐私、知识产权和其他合法权益等活动。

第十四条第一款规定，任何个人和组织有权对危害网络安全的行为向网信、电信、公安等部门举报。收到举报的部门应当及时依法作出处理；不属于本部门职责的，应当及时移送有权处理的部门。

第二十七条规定，任何个人和组织不得从事非法侵入他人网络、干扰他人网络正常功能、窃取网络数据等危害网络安全的活动；不得提供专门用于从事侵入网络、干扰网络正常功能及防护措施、窃取网络数据等危害网络安全活动的程序、工具；明知他人从事危害网络安全的活动的，不得为其提供技术支持、广告推广、支付结算等帮助。

92. 网络运营者应当如何维护网络安全？

《网络安全法》第九条规定，网络运营者开展经营和服务活动，必须遵守法律、行政法规，尊重社会公德，遵守商业道德，诚实信用，履行网络安全保护义务，接受政府和社会的监督，承担社会责任。

第十条规定，建设、运营网络或者通过网络提供服务，应当依照法律、行政法规的规定和国家标准的强制性要求，采取技术措施和其他必要措施，保障网络安全、稳定运行，有效应对网络安全事件，防范网络违法犯罪活动，维护网络数据的完整性、保密性和可用性。

93. 网络运营者应当履行哪些安全保护义务？

《网络安全法》第二十一条规定，国家实行网络安全等级保护制度。网络运营者应当按照网络安全等级保护制度的要求，履行下列安全保护义务，保障网络免受干扰、破坏或者未经授权的访问，防止网络数据泄露或者被窃取、篡改：

（1）制定内部安全管理制度和操作规程，确定网络安全负责人，落实网络安全保护责任；

（2）采取防范计算机病毒和网络攻击、网络侵入等危害网络安全行为的技术措施；

（3）采取监测、记录网络运行状态、网络安全事件的技术措施，并按照规定留存相关的网络日志不少于六个月；

（4）采取数据分类、重要数据备份和加密等措施；

（5）法律、行政法规规定的其他义务。

94. 关键信息基础设施的运营者还应当履行哪些安全保护义务?

《网络安全法》第三十四条规定,除该法第二十一条的规定外,关键信息基础设施的运营者还应当履行下列安全保护义务:

(1) 设置专门安全管理机构和安全管理负责人,并对该负责人和关键岗位的人员进行安全背景审查;

(2) 定期对从业人员进行网络安全教育、技术培训和技能考核;

(3) 对重要系统和数据库进行容灾备份;

(4) 制定网络安全事件应急预案,并定期进行演练;

(5) 法律、行政法规规定的其他义务。

95. 网络运营者为用户办理哪些服务时,应当要求用户提供真实身份信息?

《网络安全法》第二十四条第一款规定,

网络运营者为用户办理网络接入、域名注册服务，办理固定电话、移动电话等入网手续，或者为用户提供信息发布、即时通讯等服务，在与用户签订协议或者确认提供服务时，应当要求用户提供真实身份信息。用户不提供真实身份信息的，网络运营者不得为其提供相关服务。

96. 公民可以通过哪些方式向国家安全机关举报？

《公民举报危害国家安全行为奖励办法》第四条规定，公民可以通过下列方式向国家安全机关举报：

（1）拨打国家安全机关 12339 举报受理电话；

（2）登录国家安全机关互联网举报受理平台网站 www.12339.gov.cn；

（3）向国家安全机关投递信函；

（4）到国家安全机关当面举报；

(5)通过其他国家机关或者举报人所在单位向国家安全机关报告;

(6)其他举报方式。

97. 如何提高个人和组织支持、协助国家安全工作的积极性、主动性?

《国家安全法》第十二条规定,国家对在维护国家安全工作中作出突出贡献的个人和组织给予表彰和奖励。

《反间谍法》第七条规定,国家对支持、协助反间谍工作的组织和个人给予保护,对有重大贡献的给予奖励。

《反恐怖主义法》第十条规定,对举报恐怖活动或者协助防范、制止恐怖活动有突出贡献的单位和个人,以及在反恐怖主义工作中作出其他突出贡献的单位和个人,按照国家有关规定给予表彰、奖励。

《国家情报法》第九条规定,国家对在国家情报工作中作出重大贡献的个人和组织给予表彰和奖励。

《公民举报危害国家安全行为奖励办法》第七条规定,国家安全机关会同宣传主管部门,协调和指导广播、电视、报刊、互联网等媒体对举报危害国家安全行为的渠道方式、典型案例、先进事迹等进行宣传,制作、刊登、播放有关公益广告、宣传教育节目或者其他宣传品,增强公民维护国家安全意识,提高公民举报危害国家安全行为的积极性、主动性。

98. 什么情形下,对公民举报危害国家安全行为应当予以奖励?

《公民举报危害国家安全行为奖励办法》第八条规定,获得举报奖励应当同时符合下列条件:

(1)有明确的举报对象,或者具体的危害国家安全行为线索或者情况;

(2)举报事项事先未被国家安全机关掌握,或者虽被国家安全机关有所掌握,但举报人提供的情况更为具体详实；

（3）举报内容经国家安全机关查证属实，为防范、制止和惩治危害国家安全行为发挥了作用、作出了贡献。

99. 什么情形下，对公民举报危害国家安全行为不予奖励？

《公民举报危害国家安全行为奖励办法》第九条规定，有下列情形之一的，不予奖励或者不予重复奖励：

（1）国家安全机关工作人员或者其他具有法定职责的人员举报的，不予奖励；

（2）无法验证举报人身份，或者无法与举报人取得联系的，不予奖励；

（3）最终认定的违法事实与举报事项不一致的，不予奖励；

（4）对同一举报人的同一举报事项，不予重复奖励；对同一举报人提起的两个或者两个以上有包含关系的举报事项，相同内容部分不予重复奖励；

（5）经由举报线索调查发现新的危害国家安全行为或者违法主体的，不予重复奖励；

（6）其他不符合法律法规规章规定的奖励情形。

100. 公民举报危害国家安全行为的奖励标准是怎样的？

《公民举报危害国家安全行为奖励办法》第十二条规定，以发放奖金方式进行奖励的，具体标准如下：

（1）对防范、制止和惩治危害国家安全行为发挥一定作用、作出一定贡献的，给予人民币一万元以下奖励；

（2）对防范、制止和惩治危害国家安全行为发挥重要作用、作出重要贡献的，给予人民币一万元至三万元奖励；

（3）对防范、制止和惩治严重危害国家安全行为发挥重大作用、作出重大贡献的，给予

人民币三万元至十万元奖励;

（4）对防范、制止和惩治严重危害国家安全行为发挥特别重大作用、作出特别重大贡献的，给予人民币十万元以上奖励。

101. 公民向国家安全机关举报应当实名还是匿名?

《公民举报危害国家安全行为奖励办法》第五条规定，公民可以实名或者匿名进行举报。实名举报应当提供真实身份信息和有效联系方式。匿名举报人有奖励诉求的，应当提供能够辨识其举报身份的信息。提倡和鼓励实名举报。

102. 各单位如何组织开展国家安全教育、配合国家安全工作?

《国家安全法》第七十八条规定，机关、人民团体、企业事业组织和其他社会组织应当对本单位的人员进行维护国家安全的教育，动员、组织本单位的人员防范、制止危害国家安全的行为。第七十九条规定，企业事业组织根据国家安全工作的要求，应当配合有关部门采取相关安全措施。

103. 如何保护公民和组织支持、协助国家安全工作？

《国家安全法》第八十条规定，公民和组织支持、协助国家安全工作的行为受法律保护。因支持、协助国家安全工作，本人或者其近亲属的人身安全面临危险的，可以向公安机关、国家安全机关请求予以保护。公安机关、国家安全机关应当会同有关部门依法采取保护措施。

《反间谍法》第二十条第二款规定，因协助反间谍工作，本人或者其近亲属的人身安全面临危险的，可以向国家安全机关请求予以保护。国家安全机关应当会同有关部门依法采取保护措施。

《网络安全法》第十四条第二款规定，有

关部门应当对举报人的相关信息予以保密，保护举报人的合法权益。

《反恐怖主义法》第七十六条规定，因报告和制止恐怖活动，在恐怖活动犯罪案件中作证，或者从事反恐怖主义工作，本人或者其近亲属的人身安全面临危险的，经本人或者其近亲属提出申请，公安机关、有关部门应当采取下列一项或者多项保护措施：（1）不公开真实姓名、住址和工作单位等个人信息；（2）禁止特定的人接触被保护人员；（3）对人身和住宅采取专门性保护措施；（4）变更被保护人员的姓名，重新安排住所和工作单位；（5）其他必要的保护措施。公安机关、有关部门应当依照前述规定，采取不公开被保护单位的真实名称、地址，禁止特定的人接近被保护单位，对被保护单位办公、经营场所采取专门性保护措施，以及其他必要的保护措施。

《公民举报危害国家安全行为奖励办法》第六条规定，国家安全机关以及依法知情的其他组织和个人应当严格为举报人保密，未经举报人同意，不得以任何方式泄露举报人身份相关信息。因举报危害国家安全行为，举报人本人或者其近亲属的人身安全面临危险的，可以向国家安全机关请求予以保护。国家安全机关应当会同有关部门依法采取有效保护措施。国家安全机关认为有必要的，应当依职权及时、主动采取保护措施。对公民举报危害国家安全行为进行奖励时，该办法第十七条规定，征得举报人同意后，国家安全机关可以单独或者会同有关单位，在做好安全保密工作的前提下举行奖励仪式。

104. 在国家安全工作中，如何依法采取限制公民权利和自由的特别措施？

《国家安全法》第八十三条规定，在国家安全工作中，需要采取限制公民权利和自由的特别措施时，应当依法进行，并以维护国家安全的实际需要为限度。

105. 公民和组织因支持、协助国家安全工作导致损失、伤亡的，如何补偿？

《国家安全法》第八十一条规定，公民和组织因支持、协助国家安全工作导致财产损失的，按照国家有关规定给予补偿；造成人身伤害或者死亡的，按照国家有关规定给予抚恤优待。

《反恐怖主义法》第七十五条规定，对因履行反恐怖主义工作职责或者协助、配合有关部门开展反恐怖主义工作导致伤残或者死亡的人员，按照国家有关规定给予相应的待遇。

《国家情报法》第十七条规定，国家情报工作机构工作人员因执行紧急任务需要，经出示相应证件，可以享受通行便利。国家情报工作机构工作人员根据工作需要，按照国家有关规定，可以优先使用或者依法征用有关机关、组织和个人的交通工具、通信工具、场地和建筑物，必要时，可以设置相关工作场所和设备、设施，任务完成后应当及时归还或者恢复原状，并依照规定支付相应费用；造成损失的，应当补偿。

106. 公民和组织对国家安全工作有批评建议权吗？对违法行为有申诉、控告、检举权吗？

《国家安全法》第八十二条规定，公民和组织对国家安全工作有向国家机关提出批评建议的权利，对国家机关及其工作人员在国家安全工作中的违法失职行为有提出申诉、控告和检举的权利。

《反间谍法》第二十六条规定，任何个人和组织对国家安全机关及其工作人员超越职权、滥用职权和其他违法行为，都有权向上级国家安全机关或者有关部门检举、控告。受理检举、控告的国家安全机关或者有关部门应当及时查清事实，负责处理，并将处理结果及时告知检举人、控告人。对协助国家安全机关工作或者依法检举、控告的个人和组织,任何个人和组织不得压制和打击报复。

《国防法》第五十七条规定,公民和组织有对国防建设提出建议的权利,有对危害国防利益的行为进行制止或者检举的权利。

《核安全法》第六十八条第一款规定,公民、法人和其他组织有权对存在核安全隐患或者违反核安全法律、行政法规的行为,向国务院核安全监督管理部门或者其他有关部门举报。

107. 受理公民举报的国家安全机关工作人员有哪些违法违规行为时,应当被追究责任?

《公民举报危害国家安全行为奖励办法》第二十条规定,国家安全机关工作人员有下列情形之一的,对负有责任的领导人员和直接责任人员依规依纪依法予以处理;构成犯罪的,依法追究刑事责任:

(1)伪造或者教唆、伙同他人伪造举报材

料，冒领举报奖金的；

（2）泄露举报或者举报人信息的；

（3）利用在职务活动中知悉的危害国家安全行为有关线索或者情况，通过他人以举报的方式获取奖励的；

（4）未认真核实举报情况，导致不符合奖励条件的举报人获得奖励的；

（5）对符合举报奖励条件的举报人，无正当理由未按规定要求或者期限给予奖励的；

（6）其他依规依纪依法应当追究责任的情形。

108. 举报危害国家安全行为的公民有哪些违法行为时，应当被追究责任？

《公民举报危害国家安全行为奖励办法》第二十一条规定，举报人有下列情形之一的，依法予以处理；构成犯罪的，依法追究刑事责任：

（1）借举报之名故意捏造事实诬告、陷害他人的；

（2）弄虚作假骗取奖金的；

（3）恶意举报或者以举报为名制造事端，干扰国家安全机关工作的；

（4）泄露举报中知悉的国家秘密或者工作秘密，造成不良后果或者影响的。

举报人有前述规定情形之一，已经启动奖励程序的，应当终止奖励程序；已经作出奖励决定的，应当予以撤销；已经实施奖励的，应当予以追回。

109. 编造、传播虚假恐怖事件信息的，应当承担什么法律责任？

《反恐怖主义法》第九十条规定，新闻媒体等单位编造、传播虚假恐怖事件信息，报道、传播可能引起模仿的恐怖活动的实施细节，发布恐怖事件中残忍、不人道的场景，或者未经批准，报道、传播现场应对处置的工作人员、人质身份信息和应对处置行动情况的，由公安机关处二十万元以下罚款，并对其直接负责的主管人员和其他直接责任人员，处五日以上十五日以下拘留，可以并处五万元以下罚款。个人有前述规定行为的，由公安机关处五日以上十五日以下拘留，可以并处一万元以下罚款。

《刑法》第二百九十一条之一第一款规定了编造、故意传播虚假恐怖信息罪，即编造爆炸威胁、生化威胁、放射威胁等恐怖信息，或者明知是编造的恐怖信息而故意传播，严重扰乱社会秩序的，处五年以下有期徒刑、拘役或者管制；造成严重后果的，处五年以上有期徒刑。

110. 编造、传播虚假险情、疫情、灾情、警情的，应当承担什么法律责任？

《刑法》第二百九十一条之一第二款规定了编造、故意传播虚假信息罪，即编造虚假的险情、疫情、灾情、警情，在信息网络或者其他媒体上传播，或者明知是上述虚假信息，故意在信息网络或者其他媒体上传播,严重扰乱社会秩序的,处三年以下有期徒刑、拘役或者管制;造成严重后果的,处三年以上七年以下有期徒刑。

111. 举报危害国家安全行为的公民所在单位有哪些违法行为时,应当被追究责任?

《公民举报危害国家安全行为奖励办法》第二十二条规定,举报人所在单位有下列情形之一的,依法予以处理:

(1) 举报人向所在单位报告危害国家安全行为线索或者情况后,单位不及时向国家安全机关报告或者漏报、瞒报,造成不良后果或者影响的;

(2) 举报人向国家安全机关报告危害国家安全行为线索或者情况后,单位对举报人实施打击、报复的。

112. 核安全信息可以公开吗？公民和组织可以申请获取核安全信息吗？

《核安全法》第六十五条规定，对依法公开的核安全信息，应当通过政府公告、网站以及其他便于公众知晓的方式，及时向社会公开。公民、法人和其他组织，可以依法向国务院核安全监督管理部门和核设施所在地省、自治区、直辖市人民政府指定的部门申请获取核安全相关信息。

113. 对于涉及公众利益的重大核安全事项，核设施营运单位应当征求利益相关方的意见吗？

《核安全法》第六十六条规定，核设施营运单位应当就涉及公众利益的重大核安全事项通过问卷调查、听证会、论证会、座谈会，或者采取其他形式征求利益相关方的意见，并以适当形式反馈。核设施所在地省、自治区、直辖市人民政府应当就影响公众利益的重大核安全事项举行听证会、论证会、座谈会，或者采取其他形式征求利益相关方的意见，并以适当形式反馈。

图书在版编目（CIP）数据

国家安全法学习百问百答／中国法制出版社编．—北京：中国法制出版社，2023.3
ISBN 978-7-5216-3313-9

Ⅰ.①国… Ⅱ.①中… Ⅲ.①国家安全法-中国-问题解答 Ⅳ.①D922.144

中国国家版本馆 CIP 数据核字(2023)第 033803 号

| 责任编辑　秦智贤 | 封面设计　杨鑫宇 |

国家安全法学习百问百答
GUOJIA ANQUANFA XUEXI BAIWEN BAIDA

经销/新华书店
印刷/三河市紫恒印装有限公司
开本/880 毫米×1230 毫米 64 开　　印张/1.5　字数/39 千
版次/2023 年 3 月第 1 版　　　　　　2023 年 3 月第 1 次印刷

中国法制出版社出版

书号 ISBN 978-7-5216-3313-9　　　　　　定价：8.00 元

北京市西城区西便门西里甲 16 号西便门办公区
邮政编码：100053　　　　　　　传真：010-63141600
网址：http://www.zgfzs.com　　编辑部电话：010-63141798
市场营销部电话：010-63141612　　印务部电话：010-63141606

（如有印装质量问题，请与本社印务部联系。）

ISBN 978-7-5216-3313-9

定价：8.00元